KLÖSSE KNÖDEL

G. Poggenpohl

KLÖSSE KNÖDEL

EDITION XXL

Inhalt

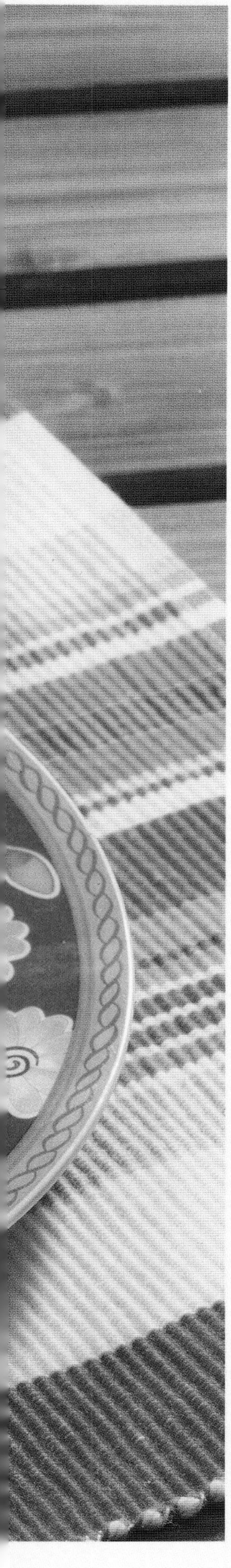

Vorwort

In Norddeutschland nennt man ihn Kloß, in Süddeutschland heißt er Knödel, aber eins haben sie beide gemeinsam: Sie werden liebevoll von Hand zubereitet.

Wer mag sie nicht, die runden, wohlschmeckenden Beilagen zu Gänsebraten, Sauerbraten oder anderen Fleisch- oder Fischgerichten. So richtig gut schmecken sie, wenn man schön viel Soße dazu hat. Aber auch alleine gegessen mit einem Salat, ob süß oder herzhaft, sind sie eine willkommene Speise.

Knödel und Klöße gibt es schon seit dem Mittelalter. Spätestens seit die Kartoffel in Deutschland ihren Einzug hielt, wurden Knödel und Klöße in vielfältiger Form hergestellt. Wer sagt, dass Knödel immer rund sein müssen, der irrt. Aus Böhmen stammen die länglichen Kloßleibe, die meistens in einem Tuch gegart und anschließend in Scheiben geschnitten werden. Auch werden die Knödel – ob rund oder länglich – häufig mit verschiedenen Zutaten gefüllt, der Fantasie sind hier wohl kaum Grenzen gesetzt.

Dieses Kochbuch mit den verschiedensten Knödel-Varianten soll auch Anregung sein, die alten Rezepte wieder neu zu entdecken.

Ihr G. Poggenpohl

Gute Zutaten sind wichtig

Wie bei allen Rezepten ist es auch bei Knödeln oder Klößen wichtig, dass nur gute, schmackhafte Produkte verwendet werden. Wenn die Kartoffeln nicht schmecken, dann schmeckt auch der Knödel oder der Kloß nicht. Also verwenden Sie nur beste Zutaten, lassen Sie die Finger von Fertig- oder Halbfertigprodukten. Diese enthalten jede Menge Chemie und Stoffe, die nicht in unser Essen gehören.

Rund und dampfend

Schön rund und groß muss er sein, der Knödel oder Kloß, wenn er frisch aus dem heißen Wasser dampfend auf den Tisch kommt. Den zubereiteten Knödel- oder Kloßteig formen Sie am besten mit angefeuchteten Händen. Doch auch hier gibt es Ausnahmen, wie zum Beispiel Brandteigknödel: Diese sollten Sie nur mit bemehlten Händen formen. Legen Sie die fertigen Klöße oder Knödel auf eine Platte. Erst wenn alle fertig geformt sind, geben Sie die Knödel oder Klöße in das kochende Wasser, reduzieren die Hitze und beachten die Garzeit. Die meisten Knödel oder Klöße dürfen im heißen Wasser nur ziehen und nicht kochen, sie würden sonst zerfallen.

Sie wollen schwimmen

Knödel oder Klöße sollten Sie immer in einem großen breiten Topf mit reichlich Salzwasser – je nach Art (herzhaft oder süß) mehr oder weniger stark gesalzen – kochen oder ziehen lassen. Sie brauchen Platz und sollten sich nicht berühren. Die Knödel oder Klöße sind in der Regel dann fertig, wenn sie oben schwimmen und sich drehen.

Kartoffeln und Brot

Für Kartoffelklöße oder -knödel verwenden Sie am besten immer mehlig kochende Kartoffelsorten. Die Kartoffeln sollten nicht zu lange gelagert sein. Auch Frühkartoffeln sind ungeeignet für Knödel oder Klöße, denn sie enthalten sehr wenig Stärke. Die Kartoffeln werden meistens in der Schale gekocht (Pellkartoffeln) oder roh gerieben. Für Semmelknödel oder -klöße verwenden Sie altbackenes Brot (1-3 Tage alte Semmeln oder Brötchen) oder Sie kaufen fertig abgepacktes Knödelbrot. Semmelknödel sollten nicht zu lange kochen, weil sie sonst zäh werden.

Wickel- oder Serviettenknödel

Für diese Art von Knödeln verwenden Sie zum Einrollen entweder ein Leinentuch oder Alufolie. Die Knödel darf man nicht zu fest einrollen, damit sie im heißen Wasser noch aufgehen können und schön locker werden.

Wenn was übrig bleibt

Fertige Knödel oder Klöße können auch sehr gut wieder oder weiterverwendet werden. In Scheiben geschnitten und angebraten oder überbacken schmecken sie hervorragend. Auch als Einlage in Suppen oder auf Salat sind sie gut geeignet.

Wozu sie am besten passen

Orientierungshilfen finden Sie in der Übersicht auf den Seiten 98/99, wobei Sie Ihrer persönlichen geschmacklichen Neigung natürlich freien Lauf lassen können.

Mehlmusklöße

Zutaten für 4 Personen:

250 g geräucherter Schweinebauch
2 EL Öl
200 g Backpflaumen
4 Karotten
100 g grüne Erbsen
150 g getrocknete Bohnen
1 Bund gemischte Kräuter
6 EL Essig, 2 EL Zucker
Salz, Pfeffer

Für die Klöße:
375 g Mehl, 1/2 l Wasser
2 EL Butter, 1 TL Salz, 2 Eier

Zubereitung:

1. Die Bohnen am Abend vorher in reichlich Wasser einweichen.

2. Den Schweinebauch in einen Topf mit einem 3/4 Liter Wasser geben und ca. 2,5 Stunden kochen. Aus der Brühe nehmen und nach dem Abkühlen in kleine Würfel schneiden.

3. Die Karotten putzen und in Stifte schneiden. Die Kräuter abbrausen, trockenschütteln und grob hacken. Die Bohnen durch ein Sieb abschütten.

4. Das Öl in einer Pfanne erhitzen und die Bauchfleischwürfel darin anbraten.

5. Die Bohnen in dem Sud ca. 45 Minuten kochen, dann die Karotten dazugeben und weitere 10 Minuten kochen. Nun die Erbsen, die Kräuter, die Backpflaumen und die Speckwürfel in die Suppe geben, mit Essig, Zucker, Salz und Pfeffer würzen.

6. Das Wasser mit dem Salz und der Butter zum Kochen bringen. 250 Gramm des Mehles in das Wasser rühren, bis ein glatter Teig entsteht. Den Topf vom Herd nehmen und ein Ei in den Teig einrühren. Den Teig abkühlen lassen, das restliche Mehl und das zweite Ei in den Teig einarbeiten.

7. Reichlich Wasser in einem Topf erhitzen, aus dem Teig Klöße formen, in das kochende Wasser geben und ca. 10 Minuten ziehen lassen.

8. Die Suppe auf Teller verteilen und die fertigen Klöße darauf anrichten.

Holsteiner Mehlmusklöße in Specksuppe

Grießklößchen

Zutaten für 4 Personen:

200 g Weizengrieß
100 g Butter
2 Eier
Muskat
Salz

Zubereitung:

1. Die Butter mit einem Schneebesen so lange rühren, bis sie glänzt, dann mit Salz und Muskat würzen. Die Eier nach und nach einrühren, den Weizengrieß untermischen und den Teig 10 Minuten rasten lassen.

2. Nocken oder Klößchen formen und in heißem Salzwasser ca. 20 Minuten ziehen lassen.

Grießklößchen werden vorwiegend als Suppeneinlage verwendet, sie schmecken aber auch als Beilage zu verschiedenen Hauptgerichten.

Hennenknödel

Zutaten für 4 Personen:

6 altbackene Brötchen
1/4 l Milch, 1 Zwiebel
250 g Hähnchenfleisch
2 Eier, 1/2 Bund Petersilie
1 Zitrone, 2 EL Mehl
Muskat, Salz, Pfeffer

Zubereitung:

1. Die Milch erhitzen und über die zerkleinerten Brötchen gießen, zugedeckt ca. 15 Minuten ziehen lassen.

2. Die Zwiebel schälen und mit dem Fleisch durch den Wolf drehen, so dass eine feine Masse entsteht. Die Petersilie abbrausen, trockenschütteln und fein hacken. Die Zitrone waschen und die Schale abreiben.

3. Die Eier, die Petersilie, die Zitronenschale, die Brötchen und das Mehl zu der Fleischmasse geben. Zu einem Teig kneten, mit Muskat, Salz und Pfeffer kräftig abschmecken.

4. Aus dem Teig Knödel formen und in reichlich heißem Salzwasser ca. 20 Minuten ziehen lassen.

Diese Knödel werden in Bayern in einer kräftigen Fleischbrühe serviert, sie schmecken aber auch lauwarm auf einem Salat.

Hennenknödel

Käsknödel

Käsknödel

Zutaten für 4 Personen:

4 altbackene Vollkornbrötchen
4 EL Sahne, 100 ml Wasser
2 Eigelb, 1 EL Butter
1/2 Bund Petersilie, 1 Zwiebel
3 EL Sonnenblumenkerne
4 EL Kartoffelstärke
100 g würziger Käse
Salz, Pfeffer

Zubereitung:

1. Das Wasser mit der Sahne erhitzen, über die klein geschnittenen Brötchen gießen und ca. 10 Minuten ziehen lassen.

2. Die Petersilie abbrausen und trockenschütteln, die Zwiebel schälen und beides fein hacken. Den Käse in kleine Würfel schneiden.

3. Die Butter in einer Pfanne schmelzen und die Zwiebel darin glasig dünsten.

4. Alle Zutaten bis auf den Käse zu den Brötchen geben, miteinander vermischen, mit Salz und Pfeffer abschmecken. Aus dem Teig acht Knödel formen und dabei die Käsestücke in die Mitte der Knödel einarbeiten. In reichlich Salzwasser ca. 20 Minuten ziehen lassen.

5. Die Knödel in einer Gemüsesuppe servieren.

Kartoffelklöße

Zutaten für 4 Personen:

400 g mehlige Kartoffeln
1 EL Butter
1 Ei
4 EL Kartoffelstärke
Muskat
Salz
Pfeffer

Zubereitung:

1. Die Kartoffeln waschen, in der Schale gar kochen, abpellen und durch eine Presse drücken. Die Butter schmelzen und mit dem Ei zu den Kartoffeln geben.

2. Die Kartoffelstärke nach und nach einarbeiten, mit Muskat, Salz und Pfeffer würzen.

3. Aus dem Teig 12 Klöße formen und in reichlich heißem Salzwasser 10 Minuten ziehen lassen.

Kartoffelklöße

Tomatenknödel

Zutaten für 4 Personen:

400 g mehlige Kartoffeln
1 EL Butter
1 Ei
4 EL Kartoffelstärke
8 Cocktailtomaten
8 große Basilikumblätter
Muskat, Salz, Pfeffer

Für den Salat:
250 g Feldsalat
1 kleine Zwiebel
1 EL Basilikum
60 g Walnüsse
4 EL Balsamicoessig
3 EL Olivenöl
1 TL Zucker
Salz
Pfeffer

Zubereitung:

1. Die Kartoffeln waschen, mit der Schale gar kochen, abpellen und durch eine Presse drücken. Die Butter schmelzen und mit dem Ei zu den Kartoffeln geben. Die Kartoffelstärke nach und nach einarbeiten, mit Muskat, Salz und Pfeffer würzen.

2. Aus dem Teig acht Knödel formen, mit je einer Cocktailtomate und einem Blatt Basilikum füllen. In reichlich heißem Salzwasser 10 Minuten ziehen lassen.

3. Den Feldsalat waschen, verlesen und auf Teller verteilen. Die Zwiebel schälen und fein hacken. Die Walnüsse grob zerteilen und mit den übrigen Zutaten zu einer Salatsoße vermischen. Über den Feldsalat träufeln und die Knödel darauf anrichten.

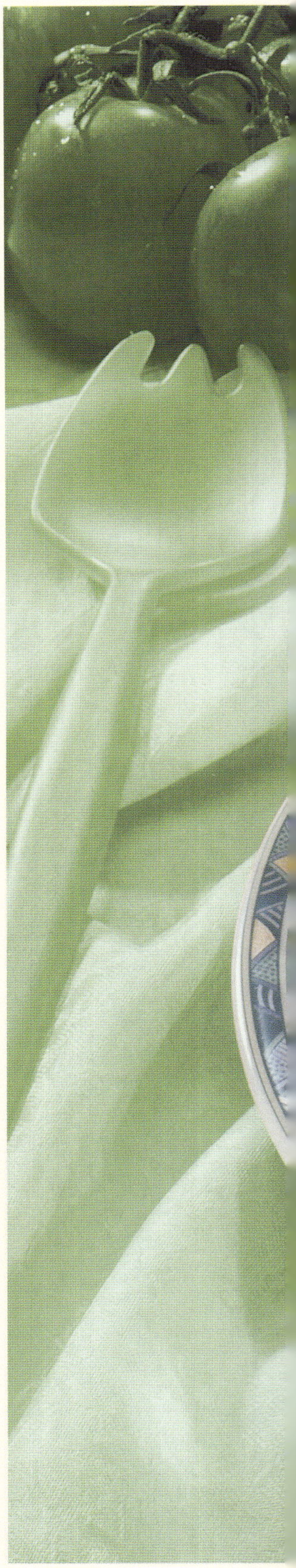

Tomatenknödel auf Feldsalat

Sesamknödel

Sesamknödel

Zutaten für 4 Personen:

400 g mehlige Kartoffeln
1 EL Butter
1 Ei
4 EL Kartoffelstärke
2 EL Thymian
Muskat
Salz
Pfeffer
50 g Sesam

Zubereitung:

1. Die Kartoffeln waschen, in der Schale gar kochen, abpellen und durch eine Presse drücken. Die Butter schmelzen und mit dem Ei zu den Kartoffeln geben. Die Kartoffelstärke nach und nach einarbeiten, mit Thymian, Muskat, Salz und Pfeffer würzen.

2. Aus dem Teig 16 Knödel formen und in Sesam wälzen. Reichlich Fett in einem Topf mäßig erhitzen und die Knödel darin frittieren.

Meerrettichknödel

Zutaten für 4 Personen:

1 Zwiebel
1 EL Butter
300 g Knödelbrot
3 Eier
250 ml Milch
2 EL Mehl
4 EL geriebener Meerrettich
Salz
Pfeffer

Zubereitung:

1. Die Zwiebel schälen, fein hacken und in geschmolzener Butter andünsten. Die Eier mit der Milch verquirlen. Die Eiermischung und die Zwiebel über das Knödelbrot geben, unterrühren und etwas ruhen lassen. Das Mehl und den Meerrettich einarbeiten, mit Salz und Pfeffer abschmecken.

2. Die Knödelmischung in ein feuchtes Tuch geben, zu einer Rolle formen, an den Enden zusammenbinden. Reichlich Salzwasser zum Kochen bringen, den Serviettenknödel in das Wasser legen und ca. 30 Minuten köcheln.

3. Den Knödel aus dem Tuch nehmen, ausdampfen lassen und in Scheiben geschnitten zu Gemüse servieren.

Kartoffelknödel

Zutaten für 4 Personen:

1 kg Schweineschulter
1 Zwiebel
2 Karotten
1 Stange Lauch
2 Knoblauchzehen
3 EL Bratfett
Paprikapulver
Salz
Pfeffer

Für die Knödel:
750 g mehlige Kartoffeln
200 g Mehl
100 g Grieß
40 g Butter
1 Ei
Salz
Muskat

Zubereitung:

1. Das Schweinefleisch an der Schwarte mit einem scharfen Messer in Rauten einschneiden. Den Braten mit Salz und Pfeffer würzen und mit dem Paprikapulver einreiben.

2. Die Zwiebel und die Knoblauchzehen schälen und hacken. Das Gemüse putzen und in grobe Stücke schneiden.

3. Das Fleisch, mit der eingeschnittenen Schwarte nach oben, das Fett und das Gemüse in einen Bräter geben. Den Backofen auf 200° C vorheizen, den Schweinebraten darin ca. 1,5 Stunden braten, das Übergießen nicht vergessen.

4. Wenn das Fleisch gar ist, den Braten herausnehmen und warm stellen, den Bratensatz mit einem viertel Liter Wasser loskochen. Mit dem Pürierstab die Flüssigkeit zu einer sämigen Soße verarbeiten, mit Salz und Pfeffer abschmecken.

5. In der Zwischenzeit die Kartoffeln waschen und kochen. Wenn sie gar sind, abschälen und durch eine Presse drücken.

6. Die Butter schmelzen und mit den anderen Zutaten unter die Kartoffeln kneten. Mit Salz und Muskat würzen, zu Knödeln formen. In einem großen Topf mit leicht kochendem Wasser ca. 15 Minuten ziehen lassen.

Böhmische Kartoffelknödel mit Krustenbraten

Pfälzer Knepp

Pfälzer Knepp

Zutaten für 4 Personen:

1 kg Kartoffeln
2 EL Stärkemehl
1 Ei
Salz
Pfeffer
Muskat

Zubereitung:

1. Die Hälfte der Kartoffeln schälen, waschen und in Salzwasser weich kochen. Die restlichen Kartoffeln ebenfalls schälen, waschen und fein reiben. Die geriebenen Kartoffeln in ein Küchentuch geben und kräftig auspressen.

2. Die gekochten Kartoffeln abgießen und durch eine Kartoffelpresse drücken, mit den rohen Kartoffeln, dem Ei und der Speisestärke vermischen. Die Kartoffelmasse mit Salz, Pfeffer und Muskat abschmecken.

3. In einem großen Topf Wasser erhitzen, aus der Kartoffelmasse gleich große Knödel formen und im heißen Salzwasser ca. 20 bis 25 Minuten ziehen lassen.

Pfälzer grüne Knepp

Zutaten für 4 Personen:

500 g Spinat
50 g Butter, 1 Zwiebel
200 g Semmelbrösel
1 Bund Petersilie
2 Eier
1 EL Mehl, Muskat
Salz, Pfeffer

Zubereitung:

1. Den Spinat waschen, verlesen und grob schneiden. Die Zwiebel schälen und fein hacken. Die Petersilie abbrausen, ausschütteln und hacken.

2. Die Butter schmelzen, die Zwiebel darin andünsten, den Spinat dazugeben, mitdünsten, bis er zusammenfällt, und dann abkühlen lassen.

3. Die Semmelbrösel, die Petersilie, die Eier und das Mehl unter die Spinatmasse rühren, mit Muskat, Salz und Pfeffer abschmecken.

4. Reichlich Salzwasser zum Kochen bringen, aus der Masse Knödel formen und ca. 10 Minuten gar ziehen lassen.

Thüringer Klöße

Zutaten für 4 Personen:

1 kg Kartoffeln
2 EL Stärkemehl
1 Ei, 4 EL Weißbrotwürfel
1 EL Butter
Salz, Pfeffer
Muskat

Zubereitung:

1. Butter in einer Pfanne erhitzen und die Brotwürfel darin anrösten.

2. Die Hälfte der Kartoffeln schälen, waschen und in Salzwasser weich kochen. Die restlichen Kartoffeln ebenfalls schälen, waschen und fein reiben. Die geriebenen Kartoffeln in ein Küchentuch geben und kräftig auspressen.

3. Die gekochten Kartoffeln abgießen und durch eine Kartoffelpresse drücken, mit den rohen Kartoffeln, dem Ei und der Speisestärke vermischen. Die Kartoffelmasse mit Salz, Pfeffer und Muskat abschmecken.

4. In einem großen Topf Wasser erhitzen, von der Kartoffelmasse gleich große Portionen abnehmen, platt drücken, einige Brotwürfel hineingeben, runde Klöße formen und im heißen Salzwasser ca. 20 bis 25 Minuten ziehen lassen.

Paprikaknödel

Zutaten für 4 Personen:

1 kg Kartoffeln
2 EL Stärkemehl
1 Ei
2 Paprikaschoten
2 EL Paprikapulver
Salz
Pfeffer

Zubereitung:

1. Die Paprikaschoten waschen, entkernen und in kleine Würfel schneiden.

2. Die Hälfte der Kartoffeln schälen, waschen und in Salzwasser weich kochen. Die restlichen Kartoffeln ebenfalls schälen, waschen und fein reiben. Die geriebenen Kartoffeln in ein Küchentuch geben und kräftig auspressen.

3. Die gekochten Kartoffeln abgießen und durch eine Kartoffelpresse drücken, mit den rohen Kartoffeln, dem Ei, den Paprikastücken und der Speisestärke vermischen. Die Kartoffelmasse mit Paprika, Salz und Pfeffer abschmecken.

4. In einem großen Topf Wasser erhitzen, aus der Kartoffelmasse gleich große Knödel formen und im heißen Salzwasser ca. 20 Minuten ziehen lassen.

Hessische Klöße

Hessische Klöße

Zutaten für 4 Personen:

1 kg Kartoffeln, 4 EL Butter, 1 Ei
1 altbackenes Brötchen
4 EL Kartoffelstärke
1 EL Paprikapulver, 100 ml Milch
800 g Karotten, 200 ml Brühe
1 Bund Petersilie
Zucker, Muskat, Salz, Pfeffer

Zubereitung:

1. Die Mich erhitzen, über das Brötchen gießen und ziehen lassen.

2. Die Kartoffeln waschen, mit der Schale gar kochen, abpellen und durch eine Presse drücken. Zwei Esslöffel Butter schmelzen und mit dem Ei zu den Kartoffeln geben. Die Kartoffelstärke, das zerpflückte Brötchen und das Paprikapulver nach und nach einarbeiten, mit Muskat, Salz und Pfeffer würzen. Aus dem Teig vier gleich große Klöße formen.

3. Die Karotten putzen und in Scheiben schneiden. Die Petersilie abbrausen, ausschütteln, die Blätter von den Stielen zupfen und hacken. Die restliche Butter in einem großen breiten Topf schmelzen und die Karotten andünsten. Mit der Brühe aufgießen, die Klöße darauf setzen und ca. 25 Minuten dünsten. Nach dieser Zeit die Klöße herausnehmen, die Petersilie zu den Karotten geben, mit Zucker, Salz und Pfeffer würzen.

Sächsischer Wickelkloß

Zutaten für 4 Personen:

200 g Grieß, 1/2 l Milch
1/4 l Brühe, 2 Eier
1 EL Butter
3 EL scharfer Senf
2 EL Honig
200 g gekochter Schinken
6 Essiggurken
6 eingelegte Maiskolben
Salz, Pfeffer, Muskat

Zubereitung:

1. Die Milch mit der Brühe aufkochen, den Grieß einrühren, nochmals aufkochen. Den Topf vom Herd nehmen und den Grieß ca. 10 Minuten quellen lassen. Wenn der Grieß abgekühlt ist, die Eier einarbeiten, mit Salz, Pfeffer und Muskat würzen.

2. Alufolie ausrollen, mit Butter bestreichen und die Grießmasse 2 cm dick darauf verteilen. Darauf achten, dass ein ausreichender Rand frei bleibt.

3. Den Senf mit dem Honig verrühren und auf den Grieß streichen. Mit dem Schinken, den Essiggurken und den Maiskolben belegen. Mit der Alufolie zu einer Rolle formen, die Folie auf beiden Seiten zusammendrehen und in kochendem Wasser ca. 30 Minuten kochen. Vor dem Servieren in Scheiben schneiden.

Leberwurst

Zutaten für 4 Personen:

700 g Kartoffeln
200 g Mehl
1 Ei
Muskat

Für die Füllung:
200 g grobe Leberwurst
2 EL Majoran

Für das Blaukraut:
750 g Blaukraut
3 EL Gänseschmalz
2 Zwiebeln
2 EL Essig, 2 EL Zucker
1/4 l Rotwein
2 Äpfel
5 Gewürznelken
Salz, Pfeffer

Zubereitung:

1. Die Kartoffeln waschen, kochen, abpellen und durch eine Presse drücken. Die übrigen Zutaten dazugeben und alles zu einem Teig verarbeiten. Mit Salz, Muskat und Pfeffer abschmecken.

2. Die äußeren Blätter des Blaukrautes entfernen, den Kopf halbieren, das Blaukraut in Streifen schneiden und mit dem Essig vermischen. Die Zwiebel schälen und fein hacken. Das Schmalz in einem Topf erhitzen, die Zwiebel darin andünsten, den Zucker dazugeben und karamellisieren.

3. Das Blaukraut in den Topf geben, etwas andünsten, dann mit dem Rotwein ablöschen, die Gewürznelken unterrühren und bei geschlossenem Deckel ca. 30 Minuten dünsten. Kurz vor Ende der Garzeit die Äpfel in das Blaukraut reiben, mit Salz und Pfeffer abschmecken.

4. Die Leberwurst mit dem Majoran vermischen und zu kleinen Kugeln formen.

5. Den Kartoffelteig auf einer bemehlten Arbeitsfläche ca. 1/2 cm dick ausrollen. Mit einem Messer 10 x 10 cm große Quadrate ausschneiden, die Fülle auf dem Teig verteilen und Knödel formen.

6. Wasser in einem großen Topf zum Kochen bringen und die Knödel darin ca. 20 Minuten ziehen lassen.

Leberwurstknödel auf Blaukraut

Schlesische Hefeklöße

Hefeklöße

Zutaten für 4 Personen:

500 g Mehl
30 g Hefe
1 EL Zucker
200 ml Milch
2 Eier
40 g Butter
Salz

Zubereitung:

1. Die Hefe mit etwas Zucker in die handwarme Milch einrühren, an einem warmen Ort ca. 15 Minuten gehen lassen.

2. Die Butter in einem Topf schmelzen, mit dem Mehl, den Eiern, dem restlichen Zucker, dem Salz und der Milchhefemischung zu einem glatten Teig verarbeiten.

3. Eine Rolle herstellen, in dicke Scheiben schneiden und zu Klößen formen. Die Klöße mit der Nahtseite nach unten auf eine bemehlte Fläche legen und zugedeckt gehen lassen, bis sie um 1/3 größer geworden sind.

4. Die Klöße auf den eingefetteten Dämpfeinsatz eines Topfes geben, mit etwas Wasser ca. 15 Minuten bei geschlossenem Deckel im Dampf garen.

Bauernknödel

Zutaten für 4 Personen:

1 kg mehlig kochende Kartoffeln
2 EL Stärkemehl, 1 Ei
50 g durchwachsener Speck
100 g Kassler, 1 Zwiebel
Salz, Pfeffer, Muskat

Zubereitung:

1. Die Hälfte der Kartoffeln schälen, waschen und in Salzwasser weich kochen. Die restlichen Kartoffeln ebenfalls schälen, waschen und fein reiben. Die geriebenen Kartoffeln in ein Küchentuch geben und kräftig auspressen.

2. Die Zwiebel schälen. Den Speck, das Kassler und die Zwiebel in Würfel schneiden.

3. Die gekochten Kartoffeln abgießen und durch eine Kartoffelpresse drücken, mit den rohen Kartoffeln und den anderen Zutaten vermischen. Die Kartoffelmasse mit Salz, Pfeffer und Muskat abschmecken.

4. In einem großen Topf Wasser erhitzen, aus der Kartoffelmasse gleich große Knödel formen und im heißen Salzwasser ca. 30 Minuten ziehen lassen.

Tiroler Speckknödel

Speckknödel

Zutaten für 4 Personen:

1 Zwiebel
1 EL Butter
300 g Knödelbrot
150 g geräucherter Speck
3 Eier, 250 ml Milch
2 EL Mehl
1/2 Bund Petersilie
Salz, Pfeffer

Zubereitung:

1. Die Petersilie abbrausen, trockenschütteln, die Blätter von den Stielen zupfen und hacken. Die Zwiebel schälen und fein hacken. Den Speck in Würfel schneiden und in einer Pfanne auslassen. Die Zwiebel dazugeben und mitbraten.

2. Die Eier mit der Milch verquirlen. Die Eiermischung, den Speck und die Zwiebel über das Knödelbrot geben, unterrühren und ca. 20 Minuten ziehen lassen. Das Mehl und die Petersilie dazugeben, mit Salz und Pfeffer abschmecken.

3. Reichlich Salzwasser zum Kochen bringen, aus der Knödelmasse acht gleich große Knödel formen und vorsichtig in das heiße Wasser gleiten lassen, die Temperatur reduzieren und die Knödel ca. 15 Minuten gar ziehen lassen.

Bayrische Sauerkrautknödel

Zutaten für 4 Personen:

700 g Kartoffeln, 200 g Mehl
1 Ei, Muskat

Für die Füllung:
150 g Sauerkraut
100 g geräucherter Speck
1 EL Öl, 1 Zwiebel, Salz, Pfeffer

Zubereitung:

1. Die Kartoffeln waschen, kochen, abpellen und durch eine Presse drücken. Die übrigen Zutaten dazugeben und alles zu einem Teig verarbeiten. Mit Salz, Muskat und Pfeffer abschmecken.

2. Für die Füllung die Zwiebel schälen und mit dem Speck in Würfel schneiden. Das Öl in einem Topf erhitzen, den Speck anbraten, die Zwiebel und das Sauerkraut dazugeben.

3. Den Kartoffelteig auf einer bemehlten Arbeitsfläche ca. 1/2 cm dick ausrollen. Mit einem Messer 10 x 10 cm große Quadrate ausschneiden, die Fülle auf dem Teig verteilen und Knödel formen.

4. Wasser in einem großen Topf zum Kochen bringen und die Knödel darin ca. 20 Minuten ziehen lassen.

Schwäbische Kartoffelknödel

Kartoffelknödel

Zutaten für 4 Personen:

1 kg Kartoffeln, 3 Brötchen
3 Toastbrotscheiben
1/2 l Milch, 150 g Mehl
150 g Speck, 2 Zwiebeln
1 Bund Schnittlauch, Salz, Pfeffer

Zubereitung:

1. Die Kartoffeln waschen, kochen, abpellen und durch eine Presse drücken.

2. Die Milch erhitzen und die Brötchen darin einweichen. Den Schnittlauch abbrausen, trockenschütteln und in Ringe schneiden. Den Speck und die Toastbrotscheiben in kleine Würfel schneiden. Die Zwiebeln abschälen und fein hacken.

3. Den Speck in einer Pfanne auslassen, die Zwiebeln dazugeben, mitbraten. Alles aus der Pfanne nehmen und die Brotwürfel in dem verbliebenen Fett anrösten.

4. Die eingeweichten Brötchen ausdrücken, mit den anderen Zutaten zu den Kartoffeln geben. Alles vermischen, abschmecken und zu Knödeln formen.

5. Wasser in einem großen Topf zum Kochen bringen und die Knödel darin ca. 20 Minuten ziehen lassen.

Westfälische Griebenklöße

Zutaten für 4 Personen:

500 g Kartoffeln
100 g Mehl
30 g Grieß, 20 g Butter
1 Ei
400 g fetter durchwachsener Speck
Muskat
Salz

Zubereitung:

1. Den Speck in feine Würfel schneiden und in einem Topf so lange braten, bis fast alles Fett aus dem Speck ausgebraten ist. Die entstandenen Grieben aus dem Fett nehmen.

2. Die Kartoffeln waschen, kochen, abpellen und durch eine Presse drücken.

3. Die Butter schmelzen, mit dem Mehl, dem Grieß und dem Ei zu den Kartoffeln geben, mit Salz und Muskat würzen und zu einem Teig verarbeiten.

4. Den Kartoffelteig portionieren, platt drücken, mit den Grieben füllen und zu Klößen formen.

5. Wasser in einem großen Topf zum Kochen bringen und die Klöße darin ca. 15 Minuten ziehen lassen.

Käseknödel

Zutaten für 4 Personen:

400 g mehlige Kartoffeln
3 EL Butter
1 Ei
4 EL Kartoffelstärke
Muskat, Salz, Pfeffer
200 g Pfefferkäse
3 EL gehackte Haselnüsse
1 Bund gemischte Kräuter
60 g Semmelbrösel
2 Knoblauchzehen

Für die Soße:
500 g Pilze
2 EL Butter
1 Becher Crème fraîche
Salz
Pfeffer

Pilze

Zubereitung:

1. Die Kartoffeln waschen, mit der Schale gar kochen, abpellen und durch eine Presse drücken.

2. Einen Esslöffel Butter schmelzen und mit dem Ei zu den Kartoffeln geben. Die Kartoffelstärke nach und nach einarbeiten und mit Muskat, Salz und Pfeffer würzen.

3. Die Knoblauchzehen schälen und klein schneiden. Die restliche Butter in einer Pfanne schmelzen und die Semmelbrösel mit dem Knoblauch darin anrösten.

4. Die Kräuter abbrausen, trockenschütteln und fein hacken. Den Käse in kleine Würfel schneiden, mit der Hälfte der Kräuter und den Haselnüssen vermischen.

5. Den Teig in acht gleich große Stücke teilen, platt drücken, mit der Käsemasse füllen und zu Knödeln formen. In reichlich heißem Salzwasser 10 Minuten ziehen lassen. Anschließend die Knödel in den Semmelbröseln wälzen.

6. Die Pilze putzen, die Butter in einer Pfanne schmelzen und die Pilze darin andünsten. Die Crème fraîche und die restlichen Kräuter darunter rühren, mit Salz und Pfeffer abschmecken.

Pikante Käseknödel auf Pilzsoße

Böhmische Knödel

Böhmische Knödel

Zutaten für 4 Personen:

500 g griffiges oder Instant-Mehl
30 g Hefe
1 EL Zucker, 200 ml Milch
2 Eier, 40 g Butter
Salz

Zubereitung:

1. Die Hefe mit etwas Zucker in die handwarme Milch einrühren, an einem warmen Ort ca. 15 Minuten gehen lassen.

2. Die Butter in einem Topf schmelzen, mit dem Mehl, den Eiern, dem restlichen Zucker, dem Salz und der Milchhefemischung zu einem glatten Teig verarbeiten. Zwei Rollen formen, zugedeckt ca. 30 Minuten gehen lassen.

3. Reichlich Salzwasser zum Kochen bringen, die Knödelrollen darin zugedeckt ca. 20 Minuten ziehen lassen. Vor dem Servieren in Scheiben schneiden.

Tipp: Schöne, gleichmäßige Scheiben erhalten Sie, wenn Sie die Rollen mit einem dicken Zwirnsfaden schneiden, den Sie jeweils in der gewünschten Scheibenbreite unter die Rolle führen und anschließend oben mit beiden Händen zusammenziehen.

Knödelroulade

Zutaten für 4 Personen:

1 Zwiebel, 1 EL Butter
300 g Knödelbrot
3 Eier, 250 ml Milch
2 EL Mehl, 3 Bund Rucola
200 g Mozzarella
Salz, Pfeffer

Zubereitung:

1. Die Zwiebel schälen, fein hacken und in geschmolzener Butter andünsten. Die Eier mit der Milch verquirlen. Die Eiermischung und die Zwiebel über das Knödelbrot geben, unterrühren und etwas ruhen lassen. Das Mehl einarbeiten und die Masse mit Salz und Pfeffer abschmecken.

2. Den Rucola putzen, waschen, den Mozzarella halbieren und in Scheiben schneiden.

3. Die Knödelmischung auf ein feuchtes Tuch ausbreiten, den Rucola und den Mozzarella auf der Knödelmischung verteilen. Dann zu einer Rolle formen und das Tuch an den Enden zusammenbinden. Reichlich Salzwasser zum Kochen bringen, die Knödelroulade in das Wasser legen und ca. 30 Minuten köcheln.

4. Den Knödel aus dem Tuch nehmen, ausdampfen lassen und in Scheiben geschnitten servieren.

Herzhafte Brezenrolle

Brezenrolle

Zutaten für 4 Personen:

1 Zwiebel
1 EL Butter
300 g Brezen
3 Eier
250 ml Milch
2 EL Mehl
1 Bund Rucola
Salz
Pfeffer

Zubereitung:

1. Die Zwiebel schälen, fein hacken und in geschmolzener Butter andünsten. Den Rucola putzen, waschen und klein schneiden. Die Eier mit der Milch verquirlen. Die Eiermischung und die Zwiebel über die klein geschnittenen Brezen geben, unterrühren und etwas ruhen lassen. Das Mehl und den Rucola einarbeiten und mit Salz und Pfeffer abschmecken.

2. Die Knödelmischung auf ein feuchtes Tuch legen. Dann zu einer Rolle formen und das Tuch an den Enden zusammenbinden. Reichlich Salzwasser zum Kochen bringen, die Knödelrolle in das Wasser legen und ca. 30 Minuten köcheln.

3. Die Knödelrolle aus dem Tuch nehmen, ausdampfen lassen und in Scheiben geschnitten servieren.

Brezenknödel

Brezenknödel

Zutaten für 4 Personen:

1 Zwiebel
1 EL Butter
300 g Brezen
3 Eier
250 ml Milch
2 EL Mehl
1 Bund Petersilie
1 Bund Majoran
Salz
Pfeffer

Zubereitung:

1. Die Petersilie und den Majoran abbrausen, trockenschütteln, die Blätter von den Stielen zupfen und hacken. Die Zwiebel schälen und fein hacken. Die Brezen in kleine Stücke schneiden.

2. Die Eier mit der Milch verquirlen. Die Eiermischung über die Brezen geben, unterrühren und ca. 20 Minuten ziehen lassen. Das Mehl, die Petersilie, den Majoran und die Zwiebel dazugeben, mit Salz und Pfeffer abschmecken.

3. Reichlich Salzwasser zum Kochen bringen, aus der Knödelmasse acht gleich große Knödel formen und vorsichtig in das heiße Wasser legen, die Temperatur reduzieren und die Knödel ca. 15 Minuten gar ziehen lassen.

Deutsche Knödel

Deutsche Knödel

Zutaten für 4 Personen:

500 g Mehl
5 Eier
200 g Griebenschmalz
1 Brötchen
Salz

Zubereitung:

1. Das Mehl in eine Schüssel geben und mit den Eiern verrühren, mit Salz würzen. Das Brötchen in Würfel schneiden.

2. Das Griebenschmalz in einer Pfanne schmelzen, zum Teig geben. Im verbliebenen Fett die Brotwürfel anrösten und unter den Teig kneten.

3. Reichlich Salzwasser zum Kochen bringen, aus der Knödelmasse gleich große Knödel formen und vorsichtig in das heiße Wasser gleiten lassen, die Temperatur reduzieren und die Knödel ca. 20 Minuten köcheln.

Grünkernknödel

Zutaten für 4 Personen:

200 g Grünkernschrot
1 kleine Zwiebel
2 Knoblauchzehen
1 EL Öl
2 Eier
400 ml Brühe
2 EL Kräuter der Provence
2 EL Sonnenblumenkerne
3 EL Mehl
Muskat
Salz
Pfeffer

Zubereitung:

1. Die Zwiebel und die Knoblauchzehen schälen und fein hacken. Das Öl in einem Topf erhitzen, die Zwiebel darin anbraten, den Grünkernschrot dazugeben und ca. drei Minuten rösten.

2. Mit der Brühe aufgießen und einmal aufkochen. Das Ganze bei mittlerer Hitze 15 Minuten quellen lassen. Nach dem Abkühlen die Eier, die Kräuter, den Knoblauch, die Sonnenblumenkerne und das Mehl darunter mischen. Mit Muskat, Salz und Pfeffer kräftig würzen.

3. Aus dem Teig Knödel formen und in reichlich heißem Salzwasser ca. 10 Minuten garen.

Spinatklöße

Zutaten für 4 Personen:

1 Zwiebel
2 Knoblauchzehen
1 EL Butter
300 g Knödelbrot
1 Ei
150 ml Milch
2 EL Mehl
200 g Ricotta
200 g Spinat
Muskat
Salz
Pfeffer
500 g Tomaten
50 g entsteinte Oliven
3 EL Basilikum
1 EL Butter

Zubereitung:

1. Den Spinat waschen, verlesen und grob schneiden. Die Zwiebel und den Knoblauch schälen, fein hacken und alles in geschmolzener Butter andünsten.

2. Die Milch erwärmen, über das Knödelbrot gießen und ziehen lassen.

3. Die Spinatmasse, das Ei, das Mehl und den Ricotta zum Knödelbrot geben, zu einem Teig verarbeiten, mit Salz, Pfeffer und Muskat kräftig abschmecken.

4. Reichlich Salzwasser zum Kochen bringen, aus der Masse gleich große Klöße formen und vorsichtig in das heiße Wasser legen, die Temperatur reduzieren und die Klöße ca. 10 Minuten gar ziehen lassen.

5. Die Tomaten waschen und in Würfel schneiden, die Oliven in kleine Stücke hacken. In Butter in einem Topf erhitzen, die Tomaten, die Oliven und das Basilikum kurz darin dünsten. Mit Salz und Pfeffer würzen.

Ricotta-Spinatklöße auf Tomaten

Bayrische Bohnenknödel

Bohnenknödel

Zutaten für 4 Personen:

200 g weiße Bohnen
200 g Semmelwürfel
1/4 l Milch
1 Zwiebel
2 EL Bohnenkraut
2 Eier
Salz
Pfeffer

Zubereitung:

1. Die Bohnen am Vortag einweichen und im Einweichwasser ca. 60 Minuten kochen.

2. Die Milch erhitzen und über die Semmelwürfel gießen, zugedeckt ca. 15 Minuten ziehen lassen.

3. Die Zwiebel schälen und fein hacken. Die Bohnen durch ein Sieb abschütten, mit der Zwiebel, den Eiern und dem Bohnenkraut zu den Semmelwürfeln geben und alles vermischen. Mit Salz und Pfeffer abschmecken.

4. Aus der Masse Knödel formen und in Salzwasser ca. 20 Minuten köcheln.

Räucherfischklöße

Zutaten für 4 Personen:

300 g Knödelbrot
3 Eier
250 ml Milch
2 EL Mehl
1/2 Bund Petersilie
200 g geräucherte Forellen
Salz
Pfeffer

Zubereitung:

1. Die Petersilie abbrausen, trockenschütteln, die Blätter von den Stielen zupfen und hacken.

2. Die Eier mit der Milch verquirlen, die Petersilie dazugeben. Die Eiermischung über das Knödelbrot gießen, unterrühren und etwas ruhen lassen. Das Mehl einarbeiten und mit Salz und Pfeffer abschmecken.

3. Den Räucherfisch in Stücke teilen. Die Masse in 4 Portionen teilen, platt drücken, mit dem Fisch füllen und zu Klößen formen.

4. Reichlich Salzwasser zum Kochen bringen, die Klöße vorsichtig in das heiße Wasser legen, die Temperatur reduzieren und die Klöße ca. 20 Minuten köcheln.

Räucherfischklöße

Karottenknödel

Karottenknödel

Zutaten für 4 Personen:

500 g Karotten
50 g Butter
1 Zwiebel
200 g Semmelbrösel
1 Bund Petersilie
2 Eier
1 EL Mehl
Muskat
Salz
Pfeffer

Zubereitung:

1. Die Karotten schälen und fein reiben. Die Zwiebel schälen und fein hacken. Die Petersilie abbrausen, ausschütteln und hacken.

2. Die Butter schmelzen, die Zwiebel darin andünsten. Die Semmelbrösel, die Petersilie, die Zwiebel, die Eier und das Mehl unter die Karotten rühren, mit Muskat, Salz und Pfeffer abschmecken.

3. Reichlich Salzwasser zum Kochen bringen, aus der Masse Knödel formen und ca. 10 Minuten gar ziehen lassen.

Kürbisknödel

Zutaten für 4 Personen:

500 g Kartoffeln
100 g Mehl Type 550
30 g Grieß
20 g Butter
1 Eigelb
1 Prise Salz
400 g eingelegte Kürbisse
2 EL Butter

Zubereitung:

1. Die Kürbisse durch ein Sieb abschütten und die Hälfte davon klein schneiden.

2. Die Kartoffeln waschen, kochen, abpellen und durch eine Presse drücken. Die Butter schmelzen, zu den Kartoffeln geben, mit dem Mehl, dem Grieß, den klein geschnittenen Kürbisstücken, dem Salz und dem Eigelb zu einem Teig verarbeiten.

3. Den Teig portionieren, flach drücken, jeweils einige Kürbisstücke darauf geben und zu Knödeln formen. Reichlich Salzwasser zum Kochen bringen, die Knödel vorsichtig einlegen und ca. 15 Minuten ziehen lassen.

Kürbisknödel

Haferflockenknödel

Haferflockenknödel

Zutaten für 4 Personen:

600 g Kartoffeln
100 g Haferflocken
60 g Haferkleie
3 Eigelb
1 Bund gemischte Kräuter
Muskat
Salz
Pfeffer

Zubereitung:

1. Die Kartoffeln waschen, kochen, abpellen und durch eine Presse drücken.

2. Die Kräuter abbrausen, trockenschütteln und hacken. Alle Zutaten zu den Kartoffeln geben, vermischen, abschmecken und zu Knödeln formen.

3. Wasser in einem großen Topf zum Kochen bringen und die Knödel darin ca. 20 Minuten ziehen lassen.

Pikante Kräuterknödel

Zutaten
für 4 Personen:

700 g Kartoffeln
200 g Mehl
1 Ei
1 Bund gemischte Kräuter
1 EL Schinusfrüchte (z. B. von Fuchs)
Muskat
Pfeffer
Salz

Zubereitung:

1. Die Kräuter abbrausen, trockenschütteln, die Blätter von den Stielen zupfen und fein hacken.

2. Die Kartoffeln waschen, kochen, abpellen und durch eine Presse drücken. Die übrigen Zutaten dazugeben und alles zu einem Teig verarbeiten. Mit Salz, Pfeffer und Muskat abschmecken.

3. Aus dem Kartoffelteig Knödel formen, Wasser zum Kochen bringen und die Knödel darin ca. 15 Minuten ziehen lassen.

Semmelknödel

Zutaten für 4 Personen:

2 Wildenten
3 EL Bratfett
100 g Waldhonig
1 Bund Thymian
20 g Ingwer
1 EL Zitronensaft
3 EL Sojasoße
Pfeffer
1/2 l Rotwein
1 Becher Crème fraîche

Für die Knödel:
1 Zwiebel
1 EL Butter
300 g Knödelbrot
3 Eier
250 ml Milch
2 EL Mehl
1/2 Bund Petersilie
Salz, Pfeffer

Zubereitung:

1. Die Wildenten bratfertig machen, evtl. vorhandene Federn herausziehen. Den Thymian abbrausen, ausschütteln und die Blätter von den Stielen zupfen. Den Ingwer schälen und fein reiben. Aus dem Waldhonig, dem Ingwer, dem Zitronensaft, der Sojasoße und Pfeffer eine Marinade herstellen. Die Wildenten über mehrere Stunden immer wieder mit der Marinade einpinseln und trocknen lassen. Das Ganze wiederholen, bis die gesamte Marinade verbraucht ist.

2. Die Wildenten in einen Schmortopf geben, das Bratfett hinzufügen und die Enten im Backofen bei 180° C ca. 40 Minuten braten. In dieser Zeit immer wieder mit dem Bratfett übergießen.

3. Die Petersilie abbrausen, trockenschütteln, die Blätter von den Stielen zupfen, die Zwiebel schälen und beides hacken. Die Butter in einer Pfanne schmelzen und die Zwiebel darin andünsten.

4. Die Eier mit der Milch verquirlen, die Petersilie dazugeben. Die Eiermischung und die Zwiebel über das Knödelbrot geben, unterrühren und etwas ruhen lassen. Das Mehl einarbeiten und mit Salz und Pfeffer abschmecken.

5. Reichlich Salzwasser zum Kochen bringen, aus der Knödelmasse acht gleich große Knödel formen und vorsichtig in das heiße Wasser legen, die Temperatur reduzieren und die Knödel ca. 15 Minuten gar ziehen lassen.

6. Die Enten aus dem Ofen nehmen. Sollte sehr viel Fett ausgebraten sein, dann 2/3 des Fettes abgießen. Den Bratensatz mit dem Rotwein ablösen. Crème fraîche einrühren und mit Salz und Pfeffer abschmecken. Die Enten tranchieren und mit der Soße und den Knödeln servieren.

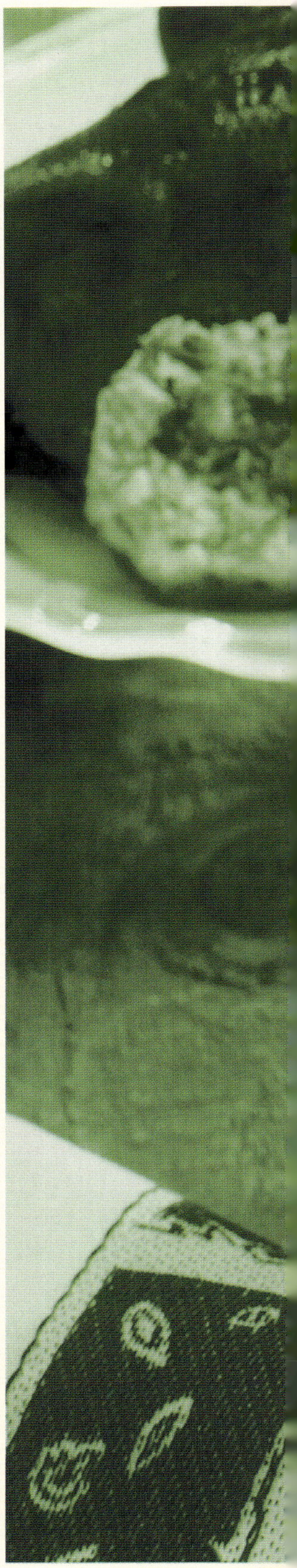

Semmelknödel mit gebratener Wildente

Saarländer Kniddel

Saarländer Kniddel

Zutaten für 4 Personen:

500 g Mehl
6 Eier
50 ml Milch
Salz

Zubereitung:

1. Das Mehl mit den Eiern vermischen, die Milch dazugeben und alles verrühren, so dass ein zähflüssiger Teig entsteht. Mit Salz würzen, den Teig ca. 10 Minuten ruhen lassen.

2. Reichlich Salzwasser zum Kochen bringen, den Teig löffelweise in das kochende Wasser geben und ca. 15 Minuten kochen.

Mahlzeit!

Rohe Kartoffelklöße

Zutaten für 4 Personen:

1 kg Kartoffeln
1 Ei
3 EL Kartoffelstärke
Salz

Zubereitung:

1. Die Kartoffeln schälen, waschen, fein reiben, in ein Tuch geben und gut ausdrücken. Die ausgedrückten Kartoffeln in eine Schüssel füllen, mit dem Ei und der Kartoffelstärke vermischen und mit Salz abschmecken.

2. Reichlich Salzwasser zum Kochen bringen. Aus der Kartoffelmasse Klöße formen und ca. 15 Minuten im heißen Wasser ziehen lassen.

Herzhafte Reisknödel

Zutaten für 4 Personen:

250 g Reis
1/2 l Gemüsebrühe
50 g Rosinen
20 g Ingwer
1 EL Curry
2 Eier
Pfeffer
Salz
Fett zum Frittieren

Zubereitung:

1. Den Reis in der Gemüsebrühe gar kochen. Vom Herd nehmen und abkühlen lassen.

2. Die Rosinen in Wasser einweichen. Den Ingwer schälen und fein hacken.

3. Alle Zutaten mit dem Reis vermischen, mit Salz und Pfeffer abschmecken. Aus der Reismasse kleine Knödel formen und im heißen Fett ausbacken.

Hirseknödel

Hirseknödel

Zutaten für 4 Personen:

250 g Hirse
1/2 l Milch
30 g Butter
2 Eier
2 EL Mehl
Pfeffer
Salz

Zubereitung:

1. Die Milch mit der Butter erhitzen, die Hirse hineingeben und ca. 30 Minuten gar kochen. Vom Herd nehmen und abkühlen lassen.

2. Die Eier und das Mehl unter die Hirsemasse rühren, mit Salz und Pfeffer abschmecken. Aus der Masse Knödel formen. In reichlich Salzwasser ca. 15 Minuten ziehen lassen.

Polentaklöße

Polentaklöße

Zutaten für 4 Personen:

250 ml Milch
250 ml Hühnerbrühe
250 g Polentagrieß
60 g Butter
2 Eier
Salz
Pfeffer
Muskatnuss
100 g Parmesan

Zubereitung:

1. Die Milch mit der Brühe und der Butter aufkochen. Den Polentagrieß unter ständigem Rühren in die Flüssigkeit einrieseln lassen und alles gut durchkochen, mit Salz, Pfeffer und Muskat abschmecken.

2. Mit einem Deckel verschließen, vom Herd nehmen und quellen lassen. Wenn die Masse etwas abgekühlt ist, die Eier unterrühren. Mithilfe von zwei Löffeln Nocken oder Klöße formen, den Parmesan darüber hobeln.

Diese Polentaklöße schmecken sehr gut auf Spinat oder gedünstetem Wirsing.

Gefüllte Polentaknödel

Zutaten für 4 Personen:

250 g Polentagrieß, 250 ml Milch
250 ml Hühnerbrühe, 60 g Butter, 2 Eier

Für die Fülle:
100 g Spinat, 1 EL Olivenöl
10 schwarze Oliven
50 g Mozzarella
1 Schalotte, 2 Tomaten
Salz, Pfeffer, Muskat
1 EL Butter, 80 g geriebener Käse

Zubereitung:

1. Den Spinat waschen und verlesen. Die Schalotte schälen und fein hacken. Öl in einem Topf erhitzen, die Schalotte darin anbraten, den Spinat dazugeben und so lange umrühren, bis er zusammengefallen ist. Die Oliven in grobe Stücke teilen. Die Tomaten waschen, vierteln, entkernen und in Würfel schneiden. Die Oliven und die Tomaten unter den Spinat mischen, mit Salz, Pfeffer und Muskat abschmecken. Den Mozzarella in kleine Stücke schneiden und unter die erkaltete Masse mischen.

2. Die Polentamasse wie im Rezept davor zubereiten, danach in 8 Portionen teilen, platt drücken, jeweils etwas von der Spinatmasse darauf setzen und Knödel formen. Die Knödel in eine gefettete Auflaufform legen, mit Käse bestreuen und ca. 15 Minuten im Backofen bei 200° C backen.

Pistazienknödel

Zutaten für 4 Personen:

400 g Schweinefilet
2 EL Öl
1 TL Speisestärke
250 ml Rotwein
Salz
Pfeffer

Für die Knödel:
1 Zwiebel
1 EL Butter
300 g Knödelbrot
120 g Pistazien
2 EL Mehl
3 Eier
250 ml Milch
Salz
Pfeffer

Zubereitung:

1. Das Schweinefilet mit Salz und Pfeffer würzen. Das Öl in einer Pfanne erhitzen und das Schweinefilet darin von allen Seiten ca. 15 Minuten braten. Nach dieser Zeit das Filet in Alufolie einwickeln und ca. 10 bis 15 Minuten ruhen lassen. Den Rotwein mit der Speisestärke vermischen und den Bratensatz damit loskochen. Die Soße mit Salz und Pfeffer würzen.

2. Die Zwiebel schälen und fein hacken. Die Pistazien grob zerkleinern. Die Butter in einer Pfanne schmelzen und die Zwiebel darin andünsten.

3. Die Eier mit der Milch verquirlen. Die Eiermischung über das Knödelbrot gießen, die Zwiebel unterrühren und ca. 20 Minuten ziehen lassen. Das Mehl und die Pistazien dazugeben, mit Salz und Pfeffer abschmecken.

4. Reichlich Salzwasser zum Kochen bringen, aus der Knödelmasse acht gleich große Knödel formen und vorsichtig in das heiße Wasser legen, die Temperatur reduzieren und die Knödel ca. 15 Minuten gar ziehen lassen.

5. Das Schweinefilet aus der Alufolie nehmen, in dünne Scheiben schneiden, mit den Knödeln und der Soße servieren.

Pistazienknödel mit Schweinefilet

Holsteiner Buchweizenklöße

Buchweizenklöße

Zutaten für 4 Personen:

1 kg Kartoffeln
250 g Räucherspeck
200 g Buchweizenmehl
3 Eier
50 ml Milch
Muskat
Pfeffer
Salz

Zubereitung:

1. Die Kartoffeln waschen, gar kochen, abschälen und durch eine Kartoffelpresse drücken.

2. Den Speck fein würfeln. Den Speck, das Mehl, die Eier und die Milch unter die erkaltete Kartoffelmasse rühren, mit Salz, Pfeffer und Muskat abschmecken.

3. Reichlich Salzwasser zum Kochen bringen, aus der Masse gleich große Klöße formen und vorsichtig in das heiße Wasser geben, die Temperatur reduzieren und die Klöße ca. 10 Minuten gar ziehen lassen.

Zutaten für 4 Personen:

600 g Kartoffeln
200 g Grieß, 2 Eier, Salz, Muskat
50 g zerlassene Butter

Für die Croûtons:
2 Scheiben Toastbrot
etwas Butter zum Anrösten

Zubereitung:

1. Die ungeschälten Kartoffeln waschen und in ausreichend Wasser gar kochen.

2. Die Toastbrotscheiben in 1 cm große Würfel schneiden. In einer Pfanne Butter schmelzen, die Brotwürfel darin knusprig braun anbraten und beiseite stellen.

3. Die Kartoffeln schälen und in eine Schüssel reiben oder durch eine Kartoffelpresse drücken. Zusammen mit dem Grieß, den Eiern, der zerlassenen Butter und etwas Salz und Muskat zu einem glatten Teig verkneten.

4. Mit den Händen kleine Klöße formen und in jeden Kloß 4 bis 5 Croûtons einarbeiten. Reichlich Salzwasser in einem großen Topf zum Kochen bringen (die Klöße müssen an die Oberfläche steigen können). Wenn das Wasser sprudelnd kocht, die Klöße nacheinander einlegen und die Temperatur reduzieren. Die Klöße sollten ca. 20 Minuten ziehen, nicht kochen.

Dithmarscher Mehlbeutel

Zutaten für 4 Personen:

5 Eier
1/2 l Milch
500 g Mehl
1/2 TL Salz
100 g Butter

Zubereitung:

1. Die Butter schmelzen, die Eier trennen, das Eiweiß sehr steif schlagen und das Eigelb cremig rühren. Das Eigelb mit der Milch, dem Salz, dem Mehl und der Butter in eine Schüssel geben. Alles zu einem weichen Teig verarbeiten, dann den Eischnee unterheben.

2. Das Tuch, in dem der Mehlbeutel gekocht werden soll, heiß auswaschen und in eine Schüssel legen, etwas Mehl darüber streuen.

3. Den Teig in das Tuch füllen und das Tuch verschließen. Es muss eine Handbreit Luft zwischen Tuch und Teig bleiben, weil der Mehlbeutel noch aufgeht. Das Tuch mit einer Schnur an einem Kochlöffel festbinden. Den Mehlbeutel in das kochende Wasser hängen und 90 Minuten kochen. Das verdampfte Wasser immer wieder mit heißem Wasser ersetzen.

Gemüseknödel

Zutaten für 4 Personen:

1 Zwiebel, 1 EL Butter
300 g Knödelbrot
3 Eier, 250 ml Milch
2 EL Mehl
1/2 Bund Petersilie
450 g gemischtes TK-Gemüse
Salz, Pfeffer

Zubereitung:

1. Die Petersilie abbrausen, trockenschütteln, die Blätter von den Stielen zupfen, die Zwiebel schälen und beides hacken. Die Butter in einer Pfanne erhitzen und die Zwiebel darin andünsten.

2. Die Eier mit der Milch verquirlen, die Petersilie und das aufgetaute Gemüse dazugeben. Die Eiermischung und die Zwiebel über das Knödelbrot schütten, unterrühren und etwas ruhen lassen. Das Mehl einarbeiten und alles mit Salz und Pfeffer abschmecken.

3. Die Knödelmasse in ein feuchtes Tuch geben, das Tuch oben zusammenbinden. Reichlich Salzwasser zum Kochen bringen, das Tuch in das Wasser legen und ca. 45 Minuten kochen lassen. Das Tuch aus dem Wasser nehmen, etwas ausdampfen lassen, aufbinden und den Gemüseknödel auf einem Teller servieren.

Gemüseknödel

Jägerknödel

Jägerknödel

Zutaten für 4 Personen:

300 g Knödelbrot
100 g geräucherter Speck
150 g Pfifferlinge
1 Zwiebel, 1 EL Butter
3 Eier, 250 ml Milch
2 EL Mehl
1/2 Bund Petersilie
Salz, Pfeffer

Zubereitung:

1. Die Pfifferlinge putzen und mit dem Speck in Würfel schneiden. Die Petersilie abbrausen, trockenschütteln, die Blätter von den Stielen zupfen, die Zwiebel schälen und beides hacken. Die Butter in einer Pfanne erhitzen, den Speck, die Zwiebel und die Pfifferlinge darin andünsten.

2. Die Eier mit der Milch verquirlen, die Petersilie dazugeben. Die Eiermischung, die Zwiebel, den Speck und die Pfifferlinge über das Knödelbrot schütten, unterrühren und etwas ruhen lassen, das Mehl einarbeiten und alles mit Salz und Pfeffer abschmecken.

3. Reichlich Salzwasser zum Kochen bringen, aus der Knödelmasse acht gleich große Knödel formen und vorsichtig in das heiße Wasser legen, die Temperatur reduzieren und die Knödel ca. 15 Minuten gar ziehen lassen.

Hascheeknödel

Zutaten für 4 Personen:

700 g Kartoffeln, 200 g Mehl
1 Ei, Salz, Muskat

Für die Füllung:
100 g Schweinebraten
100 g Kochsalami
100 g Kassler, 1 Zwiebel
2 Knoblauchzehen
1 EL Koriander, 1 TL Majoran
1 TL Thymian, Pfeffer

Zubereitung:

1. Die Kartoffeln waschen, kochen, abpellen und durch eine Presse drücken. Die übrigen Zutaten dazugeben und alles zu einem Teig verarbeiten.

2. Für die Füllung alle Zutaten durch einen Fleischwolf drehen und abschmecken. Dann aus der Masse 2 bis 3 cm dicke Kugeln formen.

3. Den Kartoffelteig auf einer bemehlten Arbeitsfläche ca. 1/2 cm dick ausrollen. Mit einem Messer 10 x 10 cm große Quadrate ausschneiden und je eine Fleischkugel darin einrollen.

4. Wasser in einem großen Topf zum Kochen bringen und die Knödel darin ca. 20 Minuten ziehen lassen.

Hascheeknödel

Speckknödel

Zutaten für 4 Personen:

Übrig gebliebene Knödel oder:
1 Zwiebel
20 g Butter
300 g Knödelbrot
150 g geräucherter Speck
3 Eier, 125 ml Milch
1/2 Bund Petersilie

Zum Überbacken:
50 g Butter
125 g süße Sahne
200 g geriebener Emmentaler
80 g Schinkenspeck

Zubereitung:

1. Die Petersilie abbrausen, trockenschütteln, die Blätter von den Stielen zupfen und hacken. Die Zwiebel schälen und fein hacken. Die Butter in einer Pfanne erhitzen und die Zwiebel darin andünsten.

2. Die Eier mit der Milch verquirlen. Die Eiermischung über das Knödelbrot gießen und ca. 20 Minuten ziehen lassen. Das Mehl, die Zwiebel und die Petersilie dazugeben, mit Salz und Pfeffer abschmecken.

3. Reichlich Salzwasser zum Kochen bringen, aus der Knödelmasse 8 gleich große Knödel formen und vorsichtig in das heiße Wasser geben, die Kochplatte herunter schalten und die Knödel ca. 15 Minuten gar ziehen lassen. Die Knödel aus dem Wasser nehmen und auskühlen lassen.

4. Den Backofen auf 200° C vorheizen.

5. Eine Auflaufform mit der Hälfte der Butter ausstreichen. Die Knödel halbieren, mit der Schnittfläche nach unten in die Form legen.

6. Die restliche Butter schmelzen, mit der Sahne und dem Käse vermischen. Gleichmäßig über die Knödel verteilen und im Backofen ca. 15 Minuten backen. Nach etwa 10 Minuten die Speckstreifen auf die Knödel legen, mit Oberhitze überbacken.

heiß!

Überbackene Speckknödel

Marinierte Knödel

Marinierte Knödel

Zutaten für 4 Personen:

Übrig gebliebene Knödel
50 ml Balsamicoessig
4 EL Olivenöl
4 Schalotten
2 EL Kräuter
2 EL brauer Zucker
Salz
Pfeffer

Zubereitung:

1. Die Zwiebeln schälen und fein hacken. Das Öl in einer Pfanne erhitzen und die Zwiebeln darin anbraten. Den Zucker zu den Zwiebeln geben und so lange rühren, bis er geschmolzen ist. Mit dem Balsamicoessig ablöschen, mit Salz und Pfeffer würzen. Die Kräuter einrühren.

2. Die Knödel in dünne Scheiben oder Streifen schneiden. Auf Blattsalat anrichten und die Marinade darüber geben.

Knödel in Käsesoße

Zutaten für 4 Personen:

4 übrig gebliebene Knödel
1/4 l Milch
1 EL Stärke
250 g Schmelzkäse
Salz
Pfeffer

Zubereitung:

1. Die Knödel in heißem Wasser erwärmen.

2. Die Milch mit der Stärke verrühren, in einem Topf aufkochen und den Käse darin schmelzen. Mit Salz und Pfeffer würzen.

3. Die Knödel mit der Soße servieren.

Knödel in Käsesoße

Klöße in Grünkohlsuppe

Zutaten für 4 Personen:

4 übrig gebliebene Klöße
1 kg Grünkohl
1 Zwiebel
50 g Butter
1 1/2 l Fleischbrühe
1 Becher Crème fraîche
Salz, Pfeffer
Muskat

Zubereitung:

1. Den Grünkohl in einzelne Blätter zerlegen. Die Grünkohlblätter von den dicken Stielen abstreifen, verlesen und waschen.

2. Die Zwiebel schälen und klein hacken. In einem Suppentopf die Butter schmelzen und die Zwiebel andünsten. Den Grünkohl in den Topf geben, kurz mitdünsten, mit der Brühe aufgießen. Den Grünkohl bei geschlossenem Deckel ca. 20 Minuten garen, ab und zu umrühren.

3. Nach der Garzeit die Crème fraîche einrühren. Die Suppe mit dem Pürierstab pürieren, mit Salz, Pfeffer und Muskat würzen. Die Klöße in Streifen schneiden oder ganz mit der Suppe zusammen servieren.

Angebratene Knödel

Zutaten für 4 Personen:

4 übrig gebliebene Knödel
200 g Blutwurst
2 EL Butter
1 Glas Mixed Pickles

Zubereitung:

1. Die Knödel in mundgerechte Stücke schneiden. Die Blutwurst in Würfel schneiden.

2. Die Butter in einer Pfanne erhitzen, die Knödel und die Blutwurst darin anbraten.

3. Mit den Mixed Pickles zusammen servieren.

Zum Anbraten eignen sich besonders Semmel-, Kartoffel- und Serviettenknödel.

Angebratene

Überbackener Serviettenknödel

Zutaten für 4 Personen:

12 Knödelscheiben
200 g geriebener Käse
100 g Speck
3 Tomaten
2 Paprikaschoten

Zubereitung:

1. Den Speck, die gewaschenen und entkernten Paprikaschoten und die Tomaten in Würfel schneiden.

2. Die Knödelscheiben mit verschiedenen Zutaten belegen, den Käse darüber streuen und im vorgeheizten Backofen bei 180° C ca. 15 Minuten überbacken.

Für dieses Rezept eignen sich am besten Serviettenknödel. Sie können die Knödelscheiben auch nach Ihren eigenen Wünschen belegen.

Knödelschmarren

Zutaten für 4 Personen:

4 Kartoffel- oder Grießknödel
4 Eier
150 ml Milch
100 g Mehl
4 EL Butter
Puderzucker
Salz

Zubereitung:

1. Die Knödel in mundgerechte Stücke schneiden. Die Eier mit der Milch und dem Mehl verrühren, mit Salz würzen. Die Knödelstücke in die Eiermasse geben und unterrühren.

2. Die Butter in einer Pfanne schmelzen und die Knödelstücke portionsweise darin braten.

3. Auf Tellern anrichten und mit Puderzucker bestreut servieren.

Germknödel

Zutaten für 4 Personen:

500 g Mehl
25 g Hefe
250 ml Milch
2 Eier
50 g Butter
50 g Zucker
1/2 TL Salz

Für die Fülle:
1 Glas Pflaumenmus

Zum Bestreuen:
100 g Butter
4 EL gemahlener Mohn
2 EL Zucker

Zubereitung:

1. Die Hefe mit etwas Zucker in die handwarme Milch einrühren und an einem warmen Ort ca. 15 Minuten gehen lassen.

2. Die Butter in einem Topf schmelzen, mit dem Mehl, den Eiern, dem Zucker, dem Salz und der Milchhefemischung zu einem glatten Teig verarbeiten.

3. Eine Rolle herstellen, in dicke Scheiben schneiden, diese mit je einem Löffel Pflaumenmus füllen und zu Knödeln formen. Die Knödel mit der Nahtseite nach unten auf eine bemehlte Fläche legen und zugedeckt gehen lassen, bis sie um 1/3 größer geworden sind.

4. Die Knödel in einen breiten Topf mit reichlich Salzwasser geben und bei geschlossenem Deckel ca. 5 bis 6 Minuten kochen. Dann die Knödel umdrehen und weitere 5 Minuten bei offenem Topf kochen.

5. Die Butter schmelzen und den Mohn mit dem Zucker vermischen. Die fertigen Germknödel auf Teller setzen, die Butter darüber gießen und den Mohnzucker darüber streuen.

Germknödel

Quarkklöße

Quarkklöße

Zutaten für 4 Personen:

250 g Quark
1 Ei
3 EL Grieß
2 EL Semmelbrösel
1 EL Zucker
Salz

Für den Sesam:
4 EL Sesam
1 EL Butter
2 EL Zucker

Zubereitung:

1. Alle Zutaten in eine Schüssel geben, zu einem Teig verarbeiten und ca. 10 Minuten ruhen lassen.

2. Reichlich Salzwasser zum Kochen bringen, mit zwei Esslöffeln Klöße oder Nocken formen und in das Wasser geben. Die Temperatur reduzieren und die Klöße ca. 15 Minuten ziehen lassen.

3. Die Butter in einer Pfanne schmelzen, den Sesam mit dem Zucker darin anrösten.

4. Die Klöße mit einer Schaumkelle aus dem Wasser nehmen und im Sesam wälzen.

Überbackene süße Knödel

Zutaten für 4 Personen:

Übrig gebliebene süße Knödel
200 g Quark
2 Eigelb
2 EL Zucker
Saft einer Zitrone
Puderzucker

Zubereitung:

1. Den Quark mit den Eigelben, dem Zucker und dem Zitronensaft vermischen.

2. Die Knödel auf feuerfeste Teller legen, den Quark portionsweise darauf verteilen. Im vorgeheizten Backofen bei 220° C ca. 15 Minuten überbacken. Mit Puderzucker bestreuen und servieren.

Walnussklöße

Walnussklöße

Zutaten für 4 Personen:

300 g Quark
2 Eier
80 g gemahlene Walnüsse
20 g Grieß
20 g Zucker
200 g Erdbeeren
1 EL Butter

Zubereitung:

1. Die Erdbeeren waschen und in Stücke schneiden.

2. Den Quark mit den Eiern, der Hälfte der Walnüsse, dem Grieß und dem Zucker zu einem Teig verarbeiten. Die Erdbeerstücke darunter heben, den Teig ca. eine Stunde kühl ruhen lassen.

3. Die Butter in einer Pfanne schmelzen und die restlichen Walnüsse darin anrösten.

4. Wasser zum Kochen bringen, mit zwei Esslöffeln Nocken oder Klöße formen, ins Wasser geben und ca. 15 Minuten ziehen lassen. Die Klöße auf Tellern anrichten und mit den gerösteten Walnüssen bestreuen.

Fruchtknödel

Zutaten für 4 Personen:

250 ml Milch
50 g Butter
220 g Mehl
1 Ei, 1 Prise Salz
250 g gemischte Früchte
(TK oder frisch)
1 EL Krokant

Zubereitung:

1. Die Milch mit der Butter aufkochen, salzen und das Mehl in die Milch geben. So lange rühren, bis sich der Teig vom Topf löst. Den Teig etwas abkühlen lassen und dann das Ei einrühren.

2. Den Teig portionieren, flach drücken, jeweils einen Esslöffel der Früchte darauf geben und zu Knödeln formen.

3. Reichlich Salzwasser zum Kochen bringen, die Knödel vorsichtig einlegen und ca. 15 Minuten ziehen lassen. Vor dem Servieren mit Krokant bestreuen.

Pflaumenknödel

Pflaumenknödel

Zutaten für 4 Personen:

250 g Quark
150 g Mehl
50 g Butter
1 Ei
1 EL Vanillezucker
200 g Dörrpflaumen

Zubereitung:

1. Die Hälfte der Dörrpflaumen klein schneiden. Die Butter in einem kleinen Töpfchen schmelzen.

2. Den Quark mit dem Mehl, der Butter, dem Ei, dem Vanillezucker und den klein geschnittenen Dörrpflaumen zu einem Teig verarbeiten. Den Teig ca. eine halbe Stunde ruhen lassen.

3. Den Teig portionieren, platt drücken, mit den restlichen Pflaumen füllen und zu Knödeln formen.

4. Wasser zum Kochen bringen und die Knödel darin ca. 15 Minuten ziehen lassen.

Bayrische Zwetschgenknödel

Zwetschgenknödel

Zutaten für 4 Personen:

500 g Kartoffeln
100 g Mehl Type 550
30 g Grieß
20 g Butter
1 Eigelb, 1 Prise Salz
8 Zwetschgen
100 g Semmelbrösel
2 EL Butter, Zucker

Zubereitung:

1. Die Kartoffeln waschen, kochen, abpellen und durch eine Presse drücken. Die Butter schmelzen, zu den Kartoffeln geben, mit dem Mehl, dem Grieß, dem Salz und dem Eigelb zu einem Teig verarbeiten.

2. Butter in einer Pfanne schmelzen und die Semmelbrösel darin anrösten.

3. Die Zwetschgen waschen und den Stein entfernen. Sollten die Zwetschgen sehr sauer sein, werden sie mit einem Stück Würfelzucker gefüllt.

4. Den Teig portionieren, flach drücken, jeweils eine Zwetschge darauf geben und zu Knödeln formen. Reichlich Salzwasser zum Kochen bringen, die Knödel vorsichtig einlegen und ca. 15 Minuten ziehen lassen. Aus dem Wasser nehmen und in gerösteten Semmelbröseln wälzen, nach Geschmack mit Zucker bestreuen.

Marillenknödel

Zutaten für 4 Personen:

300 g Quark
2 EL Mehl Type 550
2 EL Semmelbrösel
1 Ei
1 Prise Salz
8 Marillen (Aprikosen)

Zubereitung:

1. Alle Zutaten bis auf die Marillen miteinander vermischen und zu einem Teig verarbeiten.

2. Die Marillen waschen und den Kern entfernen. Sollten die Marillen sehr sauer sein, jeweils ein Stück Würfelzucker hineingeben.

3. Den Teig portionieren, flach drücken, jeweils eine Marille darauf setzen und zu Knödeln formen. Reichlich Salzwasser zum Kochen bringen, die Knödel vorsichtig einlegen und ca. 15 Minuten ziehen lassen.

4. Zu den Marillenknödeln schmeckt eine Weinschaumsoße sehr gut. Zutaten: 4 Eigelb, 4 EL Vanillezucker, 250 ml halbtrockener Weißwein.

5. In einer Schüssel die Eigelbe mit dem Zucker schaumig schlagen. Die Schüssel mit der Ei-Masse in ein heißes, nicht kochendes Wasserbad stellen und unter ständigem Rühren langsam den Wein zugeben, bis die Soße anzieht und cremig wird.

Marillenknödel

Quarkknödel auf Fruchtsoße

Quarkknödel

Zutaten für 4 Personen:

300 g Quark
2 EL Mehl Type 550
2 EL Semmelbrösel
1 Ei
1 Prise Salz

Für die Soße:
250 g Beerenfrüchte
100 ml Orangensaft
1 TL Speisestärke
Zucker je nach Art der Früchte

Zubereitung:

1. Alle Zutaten für die Knödel miteinander vermischen und zu einem Teig verarbeiten.

2. Den Quarkteig portionieren und zu Knödeln formen. Reichlich Salzwasser zum Kochen bringen, die Knödel vorsichtig einlegen und ca. 15 Minuten ziehen lassen.

3. Den Orangensaft mit der Speisestärke verrühren. Die Früchte waschen und in einem Topf mit dem Orangensaft aufkochen. Mit Zucker abschmecken.

Zutaten für 4 Personen:

1/2 l Wasser
100 g Butter
1 Prise Salz
1 TL Zucker
300 g Mehl
6 Eier
2 Tafeln Schokolade
Butterschmalz zum Frittieren

Zubereitung:

1. Das Wasser mit der Butter, dem Salz und dem Zucker aufkochen, das Mehl auf einmal dazugeben, glatt rühren, so lange weiterrühren, bis sich ein Kloß bildet, der sich vom Topfboden löst. Vom Herd nehmen und abkühlen lassen.

2. Nach dem Abkühlen des Teiges die Eier einzeln einarbeiten. Den Teig auf einer bemehlten Arbeitsfläche zu einer Rolle formen, portionieren, mit jeweils zwei Stückchen Schokolade füllen und zu Klößen formen.

3. Wasser erhitzen und die Klöße darin 10 Minuten ziehen lassen. Die Klöße aus dem Wasser nehmen und abtrocknen lassen.

4. Butterschmalz zum Frittieren in einem Topf mäßig erhitzen und die Klöße darin goldbraun ausbacken.

Schokoklöße

Kokosknödel

Zutaten für 4 Personen:

300 g Frischkäse
2 Eier
80 g Kokosflocken
20 g Grieß
20 g Zucker
1 EL Butter

Zubereitung:

1. Den Frischkäse mit den Eiern, der Hälfte der Kokosflocken, dem Grieß und dem Zucker zu einem Teig verarbeiten.

2. Wasser zum Kochen bringen, den Teig zu Knödeln formen und ca. 15 Minuten in heißem Wasser ziehen lassen. Die Knödel aus dem Wasser nehmen und in den restlichen Kokosflocken wälzen.

Mohnklöße

Zutaten für 4 Personen:

400 g mehlige Kartoffeln
1 EL Butter
1 Ei
4 EL Kartoffelstärke
150 g Mohnback (Fertigprodukt)
Muskat

Zubereitung:

1. Die Kartoffeln waschen, in der Schale gar kochen, abpellen und durch eine Presse drücken. Die Butter schmelzen und mit dem Ei zu den Kartoffeln geben. Die Kartoffelstärke und das Mohnback nach und nach einarbeiten und mit Muskat würzen.

2. Aus dem Teig 12 Klöße formen und in reichlich heißem Salzwasser 10 Minuten ziehen lassen.

Mohnklöße

Schlesische Äpfelknödel

Äpfelknödel

Zutaten für 4 Personen:

400 g Mehl
3 Eier
1/8 l Milch
1 EL Zucker
1 Prise Salz
2 EL Butter
500 g Äpfel
Zimtzucker

Zubereitung:

1. Die Butter schmelzen, mit dem Mehl, den Eiern, der Milch, dem Zucker und dem Salz zu einem Teig verarbeiten.

2. Die Äpfel schälen, entkernen und in kleine Stücke schneiden. Die Äpfel mit dem Teig vermischen.

3. Wasser in einem großen Topf zum Kochen bringen, mit zwei Esslöffeln Knödel formen und ca. 15 Minuten in heißem Wasser gar ziehen lassen.

4. Mit Zimtzucker bestreut servieren.

Holsteiner Apfelklöße

Zutaten für 4 Personen:

700 g Kartoffeln
200 g Mehl
1 Ei
500 g Äpfel
2 EL Zucker
1 TL Zimt

Zubereitung:

1. Die Äpfel schälen und die Hälfte grob reiben. Die andere Hälfte der Äpfel entkernen, in Würfel schneiden, mit dem Zucker und dem Zimt vermischen.

2. Die Kartoffeln waschen, kochen, abpellen und durch eine Presse drücken, mit dem Mehl, dem Ei und den geriebenen Äpfeln zu einem Teig verarbeiten.

3. Den Kartoffelteig auf einer bemehlten Arbeitsfläche ca. 1/2 cm dick ausrollen. Mit einem Messer 10 x 10 cm große Quadrate ausschneiden, die Apfelfülle auf dem Teig verteilen und Klöße formen.

4. Wasser in einem großen Topf zum Kochen bringen und die Klöße darin ca. 15 Minuten ziehen lassen.

Kirschknödel

Kirschknödel

Zutaten für 4 Personen:

1/2 l Wasser
100 g Butter
1 Prise Salz
1 EL Zucker
300 g Mehl
6 Eier
250 g entsteinte Kirschen
Butterschmalz zum Frittieren

Zubereitung:

1. Das Wasser mit der Butter, dem Salz und dem Zucker aufkochen, das Mehl auf einmal dazugeben, glatt rühren, so lange weiterrühren, bis sich ein Kloß bildet, der sich vom Topfboden löst. Vom Herd nehmen und abkühlen lassen.

2. Nach dem Abkühlen des Teiges die Eier einzeln einarbeiten. Den Teig auf einer bemehlten Arbeitsfläche zu einer Rolle formen, portionieren, mit jeweils mehreren Kirschen füllen und zu Knödeln formen.

3. Wasser erhitzen und die Knödel darin 10 Minuten ziehen lassen. Die Knödel aus dem Wasser nehmen und abtrocknen lassen.

4. Butterschmalz zum Frittieren in einem Topf mäßig erhitzen und die Knödel darin goldbraun ausbacken.

Süße Reisknödel

Zutaten für 4 Personen:

150 g Reis
3/4 l Milch
50 g Butter
50 g Zucker
100 g gemahlene Mandeln
2 Eier
1 TL Zimt
Fett zum Frittieren

Zubereitung:

1. Die Milch mit der Butter erhitzen, den Reis hineingeben und gar kochen. Vom Herd nehmen und abkühlen lassen.

2. Den Zucker, die Hälfte der Mandeln, die Eier und den Zimt unter die Reismasse rühren. Aus der Masse kleine Knödel formen, in den restlichen Mandeln wälzen und in heißem Fett ausbacken.

	Fleisch	Wild	Geflügel	Fisch	Pilze	Gemüse	Suppe	Salat	Anbraten	Überbacken	Süße Soßen	Fruchtsoßen
Bauernknödel					●	●	●	●	●	●		
Bayrische Bohnenknödel	●	●	●	●		●		●	●	●		
Bayrische Sauerkrautknödel	●	●	●		●	●				●		
Bayrische Zwetschgenknödel										●	●	●
Böhmische Kartoffelknödel	●	●	●	●	●	●	●			●		
Böhmische Knödel	●	●	●	●	●	●		●	●	●	●	●
Brezenknödel	●	●	●	●	●	●	●	●	●	●		
Deutsche Knödel	●	●	●		●	●				●		
Dithmarscher Mehlbeutel	●	●	●	●	●	●	●	●	●	●	●	●
Fruchtknödel										●	●	●
Gefüllte Polentaknödel						●		●		●		
Gemüseknödel	●	●	●	●	●		●	●	●	●		
Germknödel											●	●
Grießklößchen	●	●	●		●	●	●					
Grießklöße	●	●	●		●	●				●		
Grünkernknödel	●	●			●	●						
Haferflockenknödel	●	●	●		●	●	●	●	●	●		
Hascheeknödel					●	●	●			●		
Hennenknödel					●	●	●	●	●	●		
Herzhafte Brezenrolle	●	●	●	●	●	●	●	●	●	●		
Herzhafte Reisknödel	●		●	●			●	●		●		
Hessische Klöße	●	●				●	●			●		
Hirseknödel	●	●	●		●	●	●	●	●	●		
Holsteiner Apfelklöße	●	●	●			●				●	●	●
Holsteiner Buchweizenklöße	●	●	●	●	●	●	●	●	●	●		
Holsteiner Mehlmusklöße	●	●			●	●	●			●		
Jägerknödel	●	●			●	●	●	●	●	●		
Karottenknödel	●	●	●	●	●	●	●	●	●	●		
Kartoffelklöße	●	●	●	●	●	●	●			●		
Käsknödel					●	●	●			●		
Kirschknödel											●	●
Knödelroulade	●	●	●	●	●			●		●		

	Fleisch	Wild	Geflügel	Fisch	Pilze	Gemüse	Suppe	Salat	Anbraten	Überbacken	Süße Soßen	Fruchtsoßen
Kokosknödel			●	●						●	●	●
Kürbisknödel	●	●	●	●	●	●				●		
Leberwurstknödel					●	●	●	●		●		
Marillenknödel										●	●	●
Meerrettichknödel	●	●	●	●	●	●	●	●	●	●		
Mohnklöße										●	●	●
Paprikaknödel	●		●	●		●	●	●	●	●		
Pfälzer grüne Knepp	●	●	●	●	●	●	●			●		
Pfälzer Knepp	●	●			●	●				●		
Pflaumenknödel	●	●		●			●				●	●
Pikante Käseknödel			●	●	●	●		●		●		
Pikante Kräuterknödel	●	●	●	●	●	●	●	●	●	●		
Pistazienknödel	●	●	●	●	●	●	●	●	●	●		
Polentaklöße	●	●	●	●	●	●	●	●	●	●		
Quarkklöße										●	●	●
Quarkknödel										●	●	●
Räucherfischklöße					●	●	●	●		●		
Ricotta-Spinatklöße	●	●	●	●	●	●		●	●	●		
Rohe Kartoffelklöße	●	●				●				●		
Saarländer Kniddel	●	●	●	●	●	●	●	●	●	●		
Sächsischer Wickelkloß						●		●		●		
Schlesische Apfelknödel			●	●							●	●
Schlesische Hefeklöße	●	●	●		●	●				●	●	●
Schokoklöße										●	●	●
Schwäbische Kartoffelknödel	●	●	●		●	●				●		
Semmelknödel	●	●	●	●	●	●	●	●	●	●		
Sesamknödel	●	●	●	●	●	●		●		●		
Süße Reisknödel			●	●						●	●	●
Thüringer Klöße	●	●	●		●	●			●	●		
Tiroler Speckknödel					●	●	●	●	●	●		
Tomatenknödel	●	●	●	●	●	●		●		●		
Walnussklöße										●	●	●
Westfälische Griebenklöße	●				●	●	●	●	●	●		

Register

Genehmigte Lizenzausgabe
EDITION XXL GmbH
Fränkisch-Crumbach 2004

Fotos: Food in Wort und Bild, Sigmarszell
Küche: Corinna Brunner
Layout und Satz: Mathias Weil

ISBN 3-89736-153-1